胭+砚
project

看漫画
就能知道！

13 岁之前你要知道的事情

男孩的心与身

[日]山形照惠 著

张传宇 译

漓江出版社·桂林

导读

青春期发生了什么？为什么神秘？

"青春期"听起来非常神秘，"青春期"发生的年龄也是非常神秘的，因为青春期时体格特征发生了意想不到的变化，心理以及情绪同时也发生了巨大的变化，为什么会这样？这都是青春期时体内荷尔蒙分泌造成的。

男生青春期的体格特征变化：无意中男生突然发现睾丸以及丁丁（阴茎）增大，随后出现阴毛、腋毛，声音变粗，此时会伴有身高突增，突然间发现身高一年增长了 10-15 厘米，随后生殖器继续增大，阴毛、腋毛增多，出现遗精，身高增长减慢，然后身高生长停止，男生青春期持续 3-4 年，在正常情况下整个青春期身高增长 25-28 厘米，青春期身高突增是决定终身高的最后环节。

女生青春期的体格特征变化：首先是乳房发育，有时会出现乳房痛，发育一开始就出现身高突增，随后乳房进一步增大，脂肪分布发生变化，体重增加，腹部、臀部脂肪增加，阴毛、腋毛出现，月经初潮标志着性发育成熟。进入青春后期以后身高增长减慢，逐渐停止增长，正常情况下女生整个青春期身高增长 23-25 厘米。

青春期心理及情绪变化：由于体内性激素分泌增加，会使男生出现一些心理及情绪变化，如喜欢接触异性，喜欢打扮自己，通过一些行为吸引女生，甚至于恋爱。但是，由于学习压力等的影响，有时会烦躁，出现逆反心理。担心自己长不高，身体特征的变化使其焦虑，不知这些变化是否正常，也难以启齿，不知跟谁交流……从生理上来讲，这些变化都是正常的，但是需要正确引导，才能顺利通过青春期。

正常青春期发育的年龄是什么？

目前中国男生青春期发育的年龄是 11-14 周岁，女生 10-13 周岁。如果男生 9 周岁前出现第二性征发育则诊断为"性早熟"，如果 14 周岁仍未出现第二性征发育则诊断为"青春延迟"；女生 8 周岁前出现第二性征发育则诊断为"性早熟"，如果 13 周岁仍未出现第二性征发育则诊断为"青春延迟"，性早熟以及青春延迟多数为病理状态，需要到医院就诊，排除疾病。

多数男生、女生青春期发育是正常的，但也有异常情况发生。如我在临床工作中遇见的一个小病人，13 岁女生，一直没有乳房发育，最近突然发现外生殖器长出来"丁丁"，孩子吓坏了，家长看到后也害怕了，为什么女生没有乳房反而突然长出来男性的阴茎？到我门诊就诊，通过血液化验发现染色体为 46XY，遗传性别确实是一男生，B 超显示没有子宫、卵巢，腹腔内有睾丸，经进一步检测证实为基因变异导致的一种酶的缺乏，使得阴茎在年龄小时没有长出来，表现为小阴茎，尿道下裂，家长和孩子都没有意识到，结果到了青春期，性发育开始，性荷尔蒙分泌增加，阴茎长出来了，并且会越长越大，导致家长、孩子很崩溃。养了 13 年的女生，现在变成男生，全家无法接受这一现实，如何上学？今后性取向是男生还是女生？

如果这些家长和孩子能更早地接受性教育，也许就能更早期发现问题，就会在 1-2 岁时明确是男生，经过治疗恢复男生外生殖器，按照男生抚养，就不会造成这种悲剧发生。诚然，相对于同龄儿童的人口总数，这些病例只是极少数情况，然而我们不能单纯地以发生疾病的概率去衡量性教育的重要性。即使是对于大多数正常发育的孩子来说，青春期也是一个"动荡不安"的时期，必然会发生身心的巨大变化。如何解决大多数孩子的青春期烦恼，如何促使出现异常情况的孩子尽早发现问题，这些不仅关系到孩子个体的成长，也关系到社会的未来。

性教育面临的问题？男孩的青春期问题

谈到性教育，很多人的第一反应可能是教青春期女孩生理知识以及如何保护自己。对于女孩来说这些当然很重要，但这不意味着男生不需要性教育。在大家普遍更注意女生性教育的当下，男生性教育反而是容易被忽视的部分。

青春期还有一个影响最大的因素，即青春期发生的早晚对成年终身高的影响。我举一个例子，小明今年 12 周岁，目前身高 162 厘米，在全班最高，父母都很高，他的遗传身高是 176 厘米。小明父母从来没有担心过他的身高，一致认为父母高孩子一定会高，但是小明发现自己近一年没再长高来就诊，做骨龄后发现小明骨骺完全闭合，再也不会长高了，他的终身高就是 162 厘米，全家人无法接受这个事实，为什么会这样？原因是小明 9 周岁开始性发育，是性早熟导致的小明骨骺提前闭合，提前终止身高增长，造成成年后最终身高达不到遗传身高。虽然这只是个别案例，但父母忽视男孩性教育的情况在生活中并不罕见。

家庭性教育的现状

比起过去的谈"性"色变，如今社会上的观念已经有了很大进步，越来越多的父母开始关注性教育，也有更多学校开设了相关课程，这些变化令人欣慰，但同时也不得不承认，其实我们做的还远远不够。首先需要明确的是，学校的生理教育不能取代家庭性教育的作用。姑且不提学校生理教育在全国是否普及、教学效果如何，父母作为离孩子最近的人，比学校的老师更能看出孩子的细微变化，何况青春期的私密话题也不能让老师代替父母和孩子讨论。然而即便意识到了家庭性教育的重要性，很多父母也不知道如何进行说明和引导。孩子的烦恼和困惑往往羞于向父母启齿，而父母虽然想要给予帮助，也可能苦于不知道方法。有些父母会给孩子购买性教育读本，让孩子自己阅读，以此避免与孩子面对面讨论的尴尬。书本能给孩子提供更科学更准确的知识，但问题在于，在父母参与过少的情况下，让孩子自行阅读是有风险的。父母寄希望于孩子看了就能懂，但实际上孩子是否完全理解了书上的内容，又是否产生了新的疑问，则不得而知。因此如何在更多的家庭中突破父母与孩子之间的屏障，实现两代人在性教育话题上的平等交流，是一个亟待解决的难题。

性教育的敏感话题

除了性教育的方式之外，有时性教育的范围也会让父母感到困惑。有些话题（比如性取向、生育、避孕等）是否不适宜告诉儿童？部分父母选择避而不谈，但实际上家长的回避态度并不能将孩子与这类话题隔绝，反而将其推向了自行摸索的道路。当青春期的孩子对这些事情产生好奇和疑问时，如果不能从父母那里得到解答，孩子可能会自发地寻找答案。在这一过程中，他们可能会得到错误的信息。另一方面，这些看似敏感的问题也并非洪水猛兽，如果能用科学的态度给孩子传达正确的知识，就能避免他们被一些错误观念误导，以健康的心态看待这些事情。

我作为从事了 35 年青春期性发育保健及性发育异常诊治的专科医生来谈关于本书

在认真阅读这本书后，让我感觉在很轻松的故事情节中能让一个男生了解到青春期发生的体格特征变化，以及随着性激素升高带来的对女性的心理变化，是在一种潜移默化的过程中实现了对男生的性教育，使其通过阅读此书，能学习到青春期的生理变化，尤其是如何认识青春期这些变化，如何处理青春期对女生的暧昧带来的尴尬等，此书从多方面给予你指导。

作为一本少儿性教育图书，这本书可以实现以下几个目的：

一是满足孩子的好奇心。比如身体会发生哪些变化？关于生殖器大小的困惑？异性身体是怎样的？怎样才是真正的喜欢别人？性行为是什么？等等。围绕这些男孩关心的问题给予回答。此外书中有很多实用的建议，比如第一章里关于如何选择合适的剃须刀的建议，虽然挑选剃须刀只是日常生活中不起眼的一件小事，但正是对这些小问题的关注能够更好地帮助孩子爱护自己的身体。

二是除了生理知识之外为孩子提供情感教育。生理变化必然伴随心理上的转变，因此在青春期这一特殊时期，需要给予孩子充分的理解、尊重和引导。比起一味灌输知识，更重要的是引导孩子在认识自己的基础上尊重他人。比如在分别介绍男孩和女孩身体发育的知识之后紧接着进入《喜欢也有很多种》这一章节，引导孩子们尊重每个人的个性，而尊重多样性也正是未来社会中不可缺少的一部分。

三是有助于父母和孩子在青春期话题上的交流。书里的漫画便于让孩子自主阅读，同时也鼓励父母与孩子一起阅读和学习。在《警惕互联网》这一章节，书中除了安抚孩子的紧张情绪，也特地为家长们准备了"致家长们"的小文章。此外还设置了不少思考题，有助于孩子的独立思考。

每个孩子的情况都是不一样的，也许这本书不能解决所有男孩遇到的问题，但在了解自己和性教育启蒙方面，这本书可以成为一个很好的开始。

李嫔

2023 年 1 月

前言

感谢您阅读本书!

本书在某种意义上就如同游戏里出现的"勇者之书",写满了人生路上所必需的东西。

与算数和语文的学习不同,这里面大量涵盖的是今后人生中必需的被称为"生活技能"的开拓人生的提示。

比如,如果你只知道 A 和 B 两条路的话,那就只有 2 种选择。但如果还知道 C 和 D 的话,就能从 4 个中选择了吧?

了解得越多,选项就越多,并且还可以从中自由选择!从现在开始增加"生活技能"的知识,然后自主思考做决定吧。

本书还特别详细地描述了从小学生到中学生的成长过程中所感受到的身体和心理的变化。

通过阅读本书,应该可以达成以下几点:

· 了解自己身体的成长。
· 减少对自己身体的不安和担忧。
· 能与朋友或者有困扰的人交流,给他们提供建议。

也许有些人不太擅长阅读文本,本书有许多漫画和插图,请愉快地阅读吧!

我衷心希望能通过此书为你的未来加油。

山形照惠

★ 致家长们

步入 2021 年，时代发生着巨大变化。互联网是这个时代出生的孩子们的日常。在地球环境也发生巨大变化的情况下，"活出自我"对于今后的孩子们来说是特别需要的。

为了可以走自己的人生道路，拥有正确的知识、体谅自己和对方的心以及人权意识变得非常重要。

希望能通过此书与身体和心理都在发生巨大变化的孩子们一起学习。

【目录】

CONTENTS

[第1章] 身体渐渐长大成人

［第2章］男孩在成长？！ 关于男孩的身体

[第3章] 和自己的身体友好相处

[第4章] 女孩也在成长？！ 关于女孩的身体

[第5章] 喜欢也有很多种！

[第6章] 警惕互联网

[第7章] 喜欢上一个人时的重要的事情

[第8章] 关于性爱的重要话题

［第9章］成为懂得爱惜自己的大人

主 要 人 物 介 绍

小 航

11 岁。小学五年级。双胞胎中的哥哥。喜欢玩网络游戏、看漫画和动画。

小 希

11 岁。小学五年级。双胞胎中的妹妹。喜欢占卜、爱漂亮、健谈。

小 翔

14 岁。初中二年级。小航和小希的哥哥。兴趣爱好和参加的社团活动都是足球运动。

妈 妈

职业是保健室的医生。总是为孩子们的健康和幸福着想。兴趣是读书。

爸 爸

从事宇宙开发相关的工作。最喜欢的是家人和宇宙。兴趣是天体观测和游戏。

快乐兔子博士

从小航的钥匙扣里飞出来的谜一样的兔子。传授关于身体和心理方面的知识。

第1章

长大成人

身体渐渐

1　身体渐渐长大成人

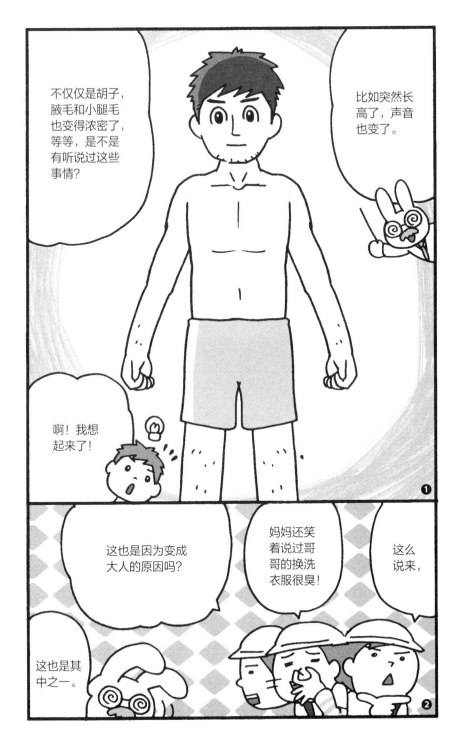

※ 因人而异，也有人从小学的时候就开始感觉到变化。

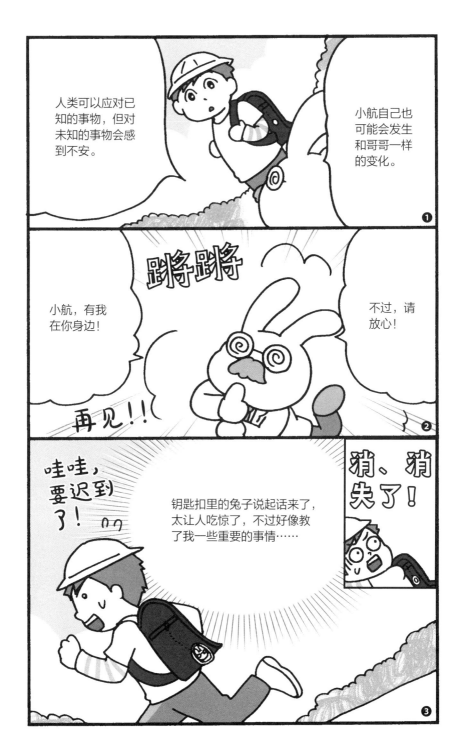

关于身体和心理产生变化的青春期

你是否听过"青春期"这个词呢?

和婴儿时期相比,身高和体重都成长增加了很多倍。

今后你的身高和体重也会继续发生变化。

并且,除体形变化之外,在成长为大人的过程中,身体还会分泌**"性荷尔蒙"**。这种身体开始发生各种前所未有的变化的时期被称为是**"青春期"**。

从年龄上来说,大概是从 10 岁至 14 岁开始发生变化(但也存在个体差异),并且女孩可能会更早发生身体上的变化。

到了小学高年级的时候,有些女孩的身高可能要超过男孩,你知道这是为什么吗? 这是因为身体会在分泌性荷尔蒙之前一下子长高。

性荷尔蒙开始分泌时,身体的很多地方会发生变化。

受性荷尔蒙的影响,心理方面也会出现变化。

不过请放心,青春期并不是会一直持续下去的。

当适应性荷尔蒙时，身体和心理自然就变得安稳了。

青春期也肯定是会结束的。顺便说一下，虽然有说法是 18 岁左右会稳定下来，但这也是因人而异的。

要爱惜自己就一定要先了解身体的相关变化哦！

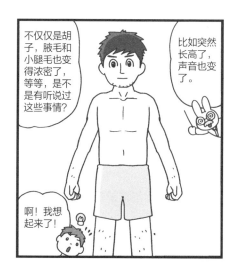

**接下来具体说明身体
发生的一些大的变化**

参考文献：MSD 指南 家庭版 男孩的青春期

关于下体的
毛发和体毛

　　受**性荷尔蒙**的影响，生殖器的周围会长出毛发。和家人一起泡澡的时候，看到过大人的生殖器周围长着毛发吗？

　　这也是成长的证明，是正常的，不必惊慌，也没必要和他人比较。

　　体毛的多少因人而异，无需在意。如果有人因此而说些什么的话，反而是那个人一无所知。

　　请先记住体毛是性荷尔蒙带来的"成长的证明"。

　　小腿周围长的是腿毛，腋下长的是腋毛。不管长在腿上还是腋下，都不是奇怪的事情。

　　不过，如果实在介意的话，可以和大人聊聊。男孩也好，女孩也好，思考要如何对待自己的身体也很重要。

　　比如，"因为是女孩所以要把体毛去掉"，其实并不一定是要这么做的。**请一定和可以信赖的大人聊聊，看什么才是能让自己活出自我的最佳方法。**

关于胡子

每个人的情况不同，有些人可能脸上长的胡子会比较浓密。

先是鼻子下面的汗毛渐渐变得浓密，然后嘴巴周围的胡子越来越多。

因为最开始长的毛很柔软，要用不伤皮肤的安全的刮胡刀而不是大人的电动剃须刀（最开始的时候用小刀刃的刮胡刀会容易一点，习惯之后也可以用 T 字型的）。

刮脸专用的电动剃须刀也很好，推荐使用（最新款的还可以用来修眉毛）。

可以在洗完澡的时候顺便就把胡子刮了，因为刚洗完澡的时候皮肤是干净的，毛发也处于柔软的状态。在洗手间刮掉胡子之后进行保湿的话，也可以减少皮肤问题。

关于刮胡刀和电动剃须刀，请跟大人（家人）商量。

这也是成长的证明，可以放心地告诉他们。

刮胡刀最好准备**"自己专用"**的（可以预防传染病）。

关于腋毛和汗水的气味

你有没有留意过做完运动之后的汗水的气味？

或者也可能自己没有察觉，但被家人说"有汗臭味"。

爱惜自己的身体，其中重要的一点就是**"保持清洁"**。

洗澡的时候，要记住把腋下也洗干净！

特别是到了青春期之后，出汗的大汗腺发育完成，气味也发生了变化。

从动物的角度来说，这是吸引异性的气味之一，是必然的身体变化。

不过气味因人而异，不需要过度在意。通过好好清洁，也可以防止产生汗臭。

如果自己介意的话，可以试试市面上销售的止汗剂。现在除了喷雾型，还有涂抹用的、低刺激的类型等各种各样的可以选择。

虽然也有各种香型的，但如果用"无香型"这种没有味道的止汗剂，就不会被问"你是喷了什么吗？"，无需考虑周围人是否在意，所以推荐使用。

关于青春痘

上初中之后，据说 **70% 左右的人会有青春痘方面的困扰**。一直以来没有长过任何东西的皮肤上出现了青春痘，确实是会吓一跳。

实际上这也是很多女孩子的烦恼。

长青春痘也是成长的一部分。

1．受性荷尔蒙的影响，皮肤分泌的皮脂变多了。

2．大量的皮脂容易堵塞在毛孔。

3．粉刺菌（青春痘菌）增加而引发炎症。

4．上初中之后，忙于学习和社团活动导致睡眠不足，容易打乱生活规律。

以上都是长青春痘的原因。

如果用手挤痘痘的话，会因引发炎症而感到疼痛，扩大长痘范围，容易留下疤痕等，所以不要去挤痘痘！

青 春 痘 对 策

① **清洁**

过度清洁不好，所以吭哧吭哧用力搓洗的做法是不好的。

首先要好好洗手，把手上的脏污洗干净。然后每天用洗面奶清洗 2 次左右，揉搓起泡沫后轻轻地抹在皮肤上进行清洗。

含有磨砂成分这种细小颗粒、对皮肤有按摩作用的洗面奶，要注意使用方法，每周 1 次左右配合皮肤的状态使用。

用毛巾擦拭的时候也要注意避免用力过度。

② **保湿**

使用适合皮肤的保湿产品。这类商品有很多种，据说含有维生素 C 的对改善青春痘皮肤有比较好的效果。

③ **防晒**

也许你会有"男孩子不需要涂防晒"这种想法，但如果痘痘多到让人比较在意、因为社团活动等长时间待在户外，请一定要涂防晒。强烈的紫外线会给皮肤带来负担，提高痘痘变多的风险。

④ 保持膳食平衡

不知不觉就吃了过多的零食……希望你能有意识地摄取维生素。推荐深颜色的蔬菜（黄绿色蔬菜）、含有丰富食物纤维的根茎类蔬菜和海藻类。

⑤ 有意识地保证睡眠

有的人是不是一不小心就容易熬夜？游戏、网络、读书等，有热衷的事情固然是好的，但最好还是考虑到身体的因素，有意识地早一点上床睡觉。

⑥ 必要时去皮肤科咨询

虽然努力注意洗脸了，但皮肤还是没有变好，或者时好时坏反反复复的时候，不要认为"青春痘而已，不需要去医院"，你要去医院看看。

（医生经常会开一些外用的药膏和维生素等。医院也有卖洗面奶和保湿产品，建议可以试用看看。）

可能有些人会对用药感到焦虑，但皮肤状态不好的时候，可以暂时地借助药物改善皮肤状态，等恢复稳定时再进行日常维护保养。

这些药物不是需要一直服用或涂抹的，请放心。

没想到对自己的身体有这么多不了解的地方啊！

第2章

关于男孩的身体
男孩在成长?!

2　男孩在成长？！关于男孩的身体

生殖器的大小
因人而异

　　烦恼生殖器的大小或形状的男性其实不在少数。不只是日本，全世界都有。虽然很多人在意，但其实大小或形状是有个人差异的。

　　所以，尺寸大并不就是好或者坏，这点请先记住。

　　此外，生殖器在成人之前会一直长大，即使现在觉得自己尺寸小，也不要忘了还在成长途中。实际上，过了青春期之后，还会继续成长到20岁左右。所以，如果介意的话就不要和别人比较！

　　与其在意大小形状，从现在开始观察自己的身体才是重要的。**如果有全身镜的话，请在洗澡时观察一下自己身体的成长和生殖器的变化。**

　　形状方面，有可能会稍微偏向右边或左边。不过出人意料的是，人的身体并不是左右对称的，因此稍有不同也不需要过分担心。

　　如果小便的时候有不适之类的情况的话，请找值得信赖的大人咨询！

正确的生殖器清洗方法和包茎

　　小航在上小学之前通过绘本、家人学习了生殖器的清洗方法，现在给大家介绍马上可以开始实践起来的生殖器的清洗方法。

洗澡的重要性

　　也许会因为有很多其他好玩的事情、不得不做的事情，或者想睡觉、不喜欢弄湿身体等而觉得"洗澡好麻烦啊……"，但洗澡对于身心健康来说是很重要的一项活动。

洗澡的好处

　　① 可以保持身体的清洁。

　　② 感觉清爽，或因为暖和而感到放松，精力充沛。

　　③ 泡在浴缸里可以增进血液循环，有益健康。

　　④ 如果家里有镜子的话，可以看看自己身体的状态，了解身体的成长和变化。

清洁生殖器的好处

① 防止各种细菌侵入，避免炎症等困扰（预防包皮炎）。

② 通过把生殖器的皮（包皮）拉下持续清洗，可使皮自然剥开。

本来生殖器并不是不可以碰，用没有洗干净的手触碰才是不好的，如果手干净的话是可以触摸自己的生殖器的。生殖器不是不洁之物，这也是重要的知识点。

触摸生殖器的话，可能会被某些大人说"不要摸不干净的地方"之类的，但其实不是这么回事。

【用干净的手触摸是 OK 的，用脏的手触摸是不好的！】

正确的生殖器清洗方法

① 洗澡的时候把生殖器的皮拉下来清洗，把皮伸展开。

【伸展包皮】（生殖器外侧可以用肥皂清洗，龟头部分则最好不要用肥皂，以免刺痛。）

② 把皮拉下来的时候，如果感到疼痛就不要再拉了。清洗时不要过度拉伸包皮。如此重复数次。

（在不勉强的范围内，在洗澡的时候持续清洗。持续很重要哦。）

过度拉伸的话可能会导致包皮嵌顿，即生殖器被包皮压迫发生肿胀。（要小心！）

如何对待被生殖器的皮包裹住的"包茎"

　　大约 70% 的日本人有"假性包茎"，即在勃起时露出龟头的状态。实际上，据说只有日本才有假性包茎这个词。准确来说，只有真性包茎和非包茎生殖器两种。

　　也有人因为包茎问题而烦恼并考虑马上手术的，但十几岁的时候还处于继续成长变化的过程中，不要焦虑"不马上做手术的话……"

　　在通过清洁"伸展包皮"来清洗生殖器的时候，能逐渐看到龟头，自己要爱护好变化中的身体。

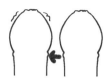

真性包茎

假性包茎

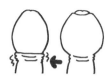

嵌顿包茎

生 殖 器 发 痒 的 时 候

生殖器发痒的原因有：

① 性器官不干净导致发痒。

但是如果清洁了也没有改善，或者越来越痒的话，请去泌尿科咨询。

（内裤也要注意保持清洁。出了汗的话，内裤也要一起更换。）

② 虽然没有什么问题，但觉得痒而去抓，或者心神不定的时候抓了，这可能是无意识的行为。自己如果发觉有这些行为的话，**要注意保持礼貌，避免在人前这么做。**

什么是初精?

 初精是指第一次射精。

早的孩子大概在 10 岁,晚的 18 岁左右便会有此经历(也有文献说最早 9 岁,最晚 20 岁)。

初精的发生可能是从梦遗开始,或者是因生殖器受到刺激导致睾丸制造的精子从生殖器排出。大多数是在"勃起"这种生殖器"直立"的状态下发生的。

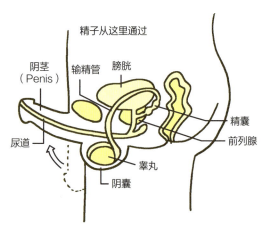

射精即精液从生殖器射出

什么是勃起?

生殖器会因血流（血液）集中在生殖器中（阴茎中）的海绵体内而变硬。这种状态被称为"勃起"。哪怕是刚出生的婴儿身上也有可能发生这种现象。受神经影响或过度憋尿的时候也可能会发生，所以无需担心。

成长过程中受性荷尔蒙的影响，在想色色的事情或喜欢的人的时候也会勃起，偶尔还会在没有意识到的时候勃起。勃起是正常情况，不用惊慌。

如果意外勃起，可以尝试想点别的事情，或深呼吸来稳定情绪。

★ 1次的射精量约 2ml~5ml（小量勺 1 勺）。

★ 精子的数量约 1 亿 2000 万 ~5 亿个（每天制造约 7 千 ~1 亿个精子）。

★ 精子在睾丸中产生。

★ 10 岁左右开始产生精子。

★ 睾丸中有细管（曲细精管），伸展开来有 1400 米以上（超 1千米）。

精子是什么样的?

 精子的形状像蝌蚪。大小约 0.06mm。是要用显微镜才能看见的极小的东西，在精液中大量存在。1 次射精含有约 1 亿 2000 万~5 亿个的精子（有个人差异）。

 为什么精液是白色的?
（关于精液的成分）

 把精子输送到卵子处的阴道，这条通道是酸性的，为了在这种酸性环境下保护精子，所以精液（精子）是白色并且呈黏黏糊糊的状态。为了达成保护精子的目的，因此精液是碱性的。

精液中还含有为精子移动提供动力源的糖分。受糖分的影响所以精液是白色的。

为什么精液和小便（尿）从同一个地方排出？不会混杂吗？

 虽然在身体的构造上小便排出的通道（尿道）和精液排出的通道是一样的，但在射精的时候会暂时关闭小便出口所以不会混杂。

小便和精液脏吗？

说起小便，可能难免有不干净的印象，但其实小便在排出体外之前几乎是没有各种细菌（霉菌）的无菌状态，是干净的。

小便沾到了什么地方之后，过了一定的时间会挥发出氨这种成分的气味，或者有各种细菌繁殖，因此容易认为小便是脏的，但实际上并不是这样。

当然，精液也是无菌的干净状态。但是如果不擦拭干净的话，干了之后会凝固变臭，要注意。

虽然会被身体的变化惊吓到，但事先了解知识的话就能安心了。

第3章

友好相处
和自己的身体

人的三大欲望！
食欲、睡眠欲以及性欲

性欲的必要性是什么？

人类能够如此生存下来并繁衍子孙后代，就是答案之一。

此外，性欲得到满足的时候会让人有"心情愉悦"的感觉。

谁都喜欢令人心情愉悦的事情，这是理所当然的。"心情愉悦"也许是在接过延续生命的接力棒时得到的一个"礼物"。

如果不是令人心情愉悦的事情的话，人是不愿重复实践的。

※ 性欲因人而异，也有完全感受不到的情况。或者随着成长而发生变化。

例如，抚摸生殖器时感到"心情愉悦"，这不是坏事，而是很自然的事情。

相反，也许会有人觉得"很奇怪"。虽说十个人十个样，感受也是各有不同，但不管哪一种都是自然的事情。

虽说如此，未经许可触摸或者窥看他人身体的做法是不对的！

只有遵守礼仪和规则，才能建立大家一起生活的社会。

因此，首先要了解和接受自己的情绪和欲望，并知道如何与此情绪和睦相处，这很重要。

性荷尔蒙开始分泌 5~7 年后，身体和情绪都会发生很大改变。

首先，要认识到"产生性欲也是正常的"。

这是成长的其中一步，每个人都会有。（※ 因人而异）

其次，遇到忧虑的事情不要一个人承担，也可以与可信任的大人商量。

与其独自郁郁不快，不如多听听各种意见。

也有很多简单易懂的关于身体的书，不妨读一读查一查。

不过如果在网络上查询的话，信息过多，不知道是真还是假，需要注意。

身体的变化也是自己的成长。在此成长过程中，大家就成为了大人。

我也很期待你的成长。

**为什么生殖器和睾丸
受到碰撞会痛?**

在婴儿时期，睾丸就已存在于腹腔之中。随着婴儿长大，在确定身体性别的过程中，睾丸逐渐下降至体外。

这种构造是有原因的。睾丸是生成精子的地方，必须处于低于体温的状态（低2~3度）。

作为原本是肚子里的内脏的一部分露出在体外，没有骨头保护，受到碰撞的话会痛得厉害。并且，神经也集中在这里，是疼痛感强烈的地方。

竞技体育中也有佩戴护罩进行防护的情况。这是非常重要的。

为什么睾丸有很多皱褶?

天气寒冷的时候,有没有感到睾丸忽然缩了一下的经历? 相反,刚洗完澡的时候,有没有感到皱褶一下子就舒展开了呢?

身体的构造很巧妙,可以通过皱褶来调控睾丸的温度。

为什么生殖器最好不要勒太紧?

在重要的关于睾丸和生殖器的说明里也写过,要注意避免勒得过紧或长时间压迫。选内裤时也要注意,过紧的裤子会给睾丸和生殖器带来负担。

成人网站基本是面向 18 岁以上的大人的。作为大人看的东西，最好还是等到了那个年龄之后再看。

只不过，现在充斥着各种各样的信息，有时候可能不由自主地就看到了这方面的信息。但是大部分都是被制造出来的，和现实并不一样。不要忘了主要都是以射精为目的而制造的"虚构"的东西。

自 慰 、 手 淫

触摸生殖器时感觉心情愉悦，或为了心情愉悦而去触摸的行为，称为自慰（此外，也称为自我保健或手淫）。

自己满足自己的性欲需求是很重要的。

这是有性欲的人自然而然会做的行为，也是对自身的保健，是理所当然的。不过，也要懂得其中的礼仪和规则。不事先了解礼仪和规则的话，长大之后可能会因为过度的自慰而伤到生殖器……

【 自 慰 的 重 要 规 则 】

① **不要被别人看见**

生殖器作为私密部位或私密地带，是自己重要的地方。因为是敏感部位，不建议当着其他人的面进行自慰行为。

不过，一个人的时候在任何地方都是可以触碰自己身体的，所以请先在确保有属于自己一个人的时间和空间的情况下尝试自慰（没有自己的房间的话，一个人洗澡的时候也是 OK 的 ）。

② **用干净的手触摸**

生殖器是敏感的部位，**注意要用肥皂洗完手，在干净的状态下去触摸。**

③ **不过度用力紧握，不按压在物品或地板上**

也许有些人在用力紧握生殖器，或把生殖器按压在物品、地板或墙上时感觉"真舒服！"，但有可能会因为过度强烈的刺激而弄伤生殖器，或者变成没有强烈刺激的话就无法射精，所以绝对要避免。**这种行为最好是用自己的手慢慢调整进行。**

④ **不管自慰几次都可以**

自慰不管做几次都 OK。不过一定要遵守①～③的注意事项。并且注意不要因为光想着这个事情而导致做不成其他真正想做的、必须得做的事情。不是禁止自慰，但建议把想做的事情列成清单、把目标写下来贴在书桌前面，或者写在电脑的待机画面上。

关于对身体的
自卑感

　　你和周围的人比较过自己的身高体重吧？有些人会羡慕别人个子高，相反地也有些人可能会因为个子高受注目而感到有压力。

　　每个人的体格各有差异，而因为性荷尔蒙的分泌可能对这种差异变得在意起来。

　　人的体格和身体的变化，以及体质都是个性之一。虽然难免和其他人相比较，但这种比较是没有意义的。结果只是知道了有差异这个事实。与其因此消沉，不如用心发现自己当下的优点。

　　虽然体格和体质很难改变，但行为可以马上改变。

　　比如，坐电车或巴士时让座、把掉在地上的垃圾捡起来扔掉、帮助有困扰的朋友……通过这些行为的积累，你会发现这比任何外在美都更重要。

　　如果你感到自卑的话，希望你能尝试行动起来，哪怕只是其中一项也好。

　　这样的话，你一定会对行动起来的自己充满自信的！

第4章

关于女孩的身体
女孩也在成长?!

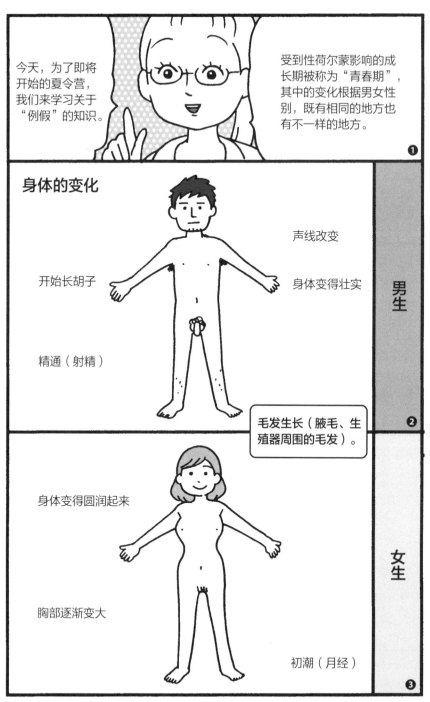

今天，为了即将开始的夏令营，我们来学习关于"例假"的知识。

受到性荷尔蒙影响的成长期被称为"青春期"，其中的变化根据男女性别，既有相同的地方也有不一样的地方。

❶

身体的变化

声线改变

开始长胡子

身体变得壮实

精通（射精）

毛发生长（腋毛、生殖器周围的毛发）。

男生

❷

身体变得圆润起来

胸部逐渐变大

初潮（月经）

女生

❸

※ 在性荷尔蒙产生影响之前，会发生身高一下子变高、体重增加、变得困乏等等各种身体变化。

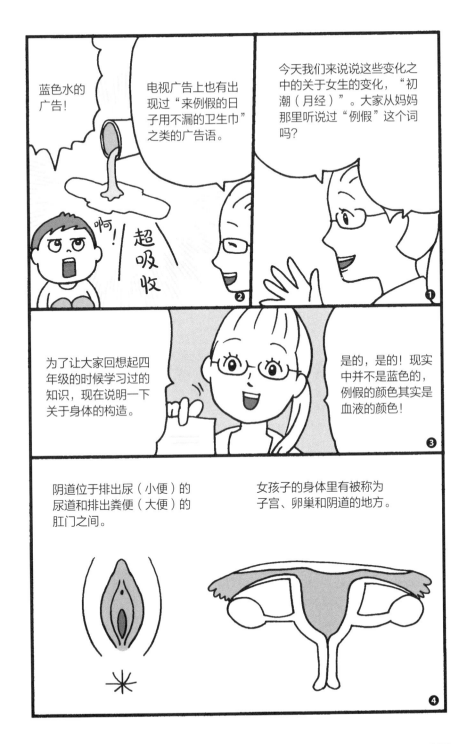

蓝色水的广告！

电视广告上也有出现过"来例假的日子用不漏的卫生巾"之类的广告语。

啊！ 超吸收

❷

今天我们来说说这些变化之中的关于女生的变化，"初潮（月经）"。大家从妈妈那里听说过"例假"这个词吗？

❶

为了让大家回想起四年级的时候学习过的知识，现在说明一下关于身体的构造。

是的，是的！现实中并不是蓝色的，例假的颜色其实是血液的颜色！

❸

阴道位于排出尿（小便）的尿道和排出粪便（大便）的肛门之间。

女孩子的身体里有被称为子宫、卵巢和阴道的地方。

❹

子宫的旁边是卵巢，这是保管卵子的地方。

阴道尽头是子宫。子宫的大小，成年女性大概是鸡蛋大小，大家现在的年龄的话可能是草莓大小。

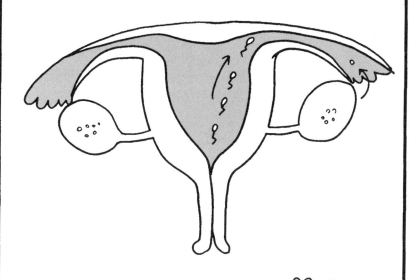

当还在妈妈肚子里的时候，卵巢就保管有卵子，到了青春期之后，每个月输出一枚卵子到子宫（即排卵）。

男性和女性发生性行为后，精子和卵子相结合成为受精卵。

不过，如果卵子和精子没有相遇、没有受精着床的话，不需要的子宫内膜就会脱落流出去。这种现象即是"例假"。

受精卵到达子宫第7天左右会潜入子宫内膜，这称为"着床"。

❶

例假的时候流出的经血的量大概是1次例假20克~120克。约大号量勺1勺至量杯半杯左右。天数因人而异，3、4天~1周左右持续有经血流出。

此期间流出的经血如果不处置的话会弄脏衣服，因此要用卫生巾和卫生棉条等卫生用品，防止经血渗漏，保持清洁。

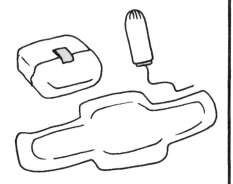

❷

女孩子可能每个月会有1次身体状况变得不稳定，这点请先了解。

男孩子不会有这种身体变化。例假来的时候，有些人会肚子疼、头疼或腰疼，还有些人甚至会头晕或贫血。

❶

关于生理期的护理

- 最常见是卫生巾（纸质、有机棉、布质）。

- 放入阴道中，防止经血渗漏的卫生棉条（做游泳之类运动的时候可以使用）。

- 生理短裤（经血不易渗漏的生理期时穿的短裤。与卫生巾一起使用）。

- 月经内裤（最近广受关注的、可以吸收几次经血的内裤）。

- 月经杯（放在阴道内可重复使用的、硅胶材质的生理用品）。

❷

070 | 第4章 | 女孩也在成长？！关于女孩的身体

073

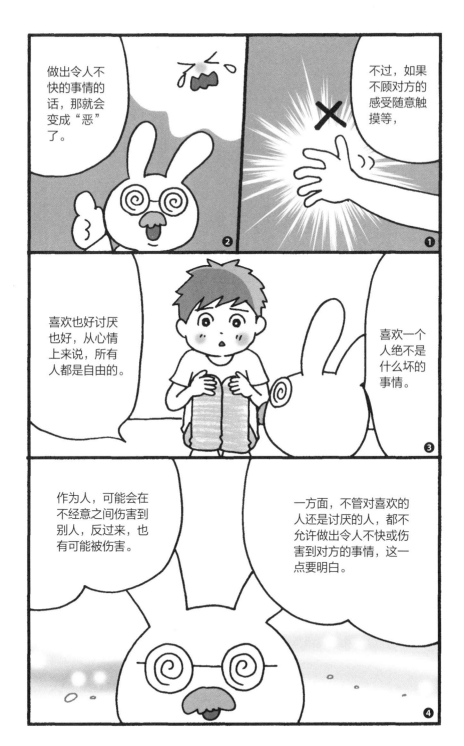

男孩子提前了解女孩子身体的变化也是很重要的哦！

第5章

很多种！
喜欢也有

可以有各种不同的喜欢

如果让你介绍一下喜欢的食物或角色等自己所认为的"喜欢"，你会怎么说明呢？

也有一种说不清楚的"喜欢"的感觉吧。喜欢上某个人时，也许就会遇到这种"无法解释的喜欢"的感觉。

当然，也有"温柔""可爱""帅气"等可以解释的"喜欢"。但就好像 A 觉得可爱，而 B 并不这么认为的情况，喜欢的感受的差异也许就是"个性"。

喜欢上一个人的时候，自己的心是自由的。因此，保持那种感觉就好。但是，不要忘记，喜欢某人和"因为喜欢所以要让他 / 她听话"、"因为喜欢所以要让他 / 她烦恼"是不一样的。

另外，喜欢一个人的感觉也是因人而异的，也有的人会没有这种感觉，这点请先记住。每个人与生俱来的特质和成长环境不一样，因此而去责怪自己或别人，去想这到底是对还是错。珍视自己感受到的心情即可。

比如，有些人喜欢同性别的人，也有些人喜欢不同性别的人。多数人采取的行动往往容易被认为是正确的，但其实并不一定。因此，希望能重视每个人的个性和感受。

每个人都不一样是很了不起的事情

　　个性也有各种不同的形态，出生时的性别（外表或生物学上的男性、女性）和"我是男生""我是女生"的自我认知一致的人被称为"顺性别"。相对的，出生时的性别和自我认知不一致的人被称为"跨性别"。

　　此外，无任何一方认知的人也称为"中性人"。

关于 LGBTQ

- ● L（lesbian）…女同性恋

- ● G（gay）…男同性恋

- ● B（bisexual）…双性恋，既喜欢男性又喜欢女性的人

- ● T（transgender）…跨性别，心理性别和身体性别不一致的人

- ● Q（questioning/queer）…对自己的性别感到迷茫的人、不想确定的人 / 不贴标签的概括性表达

　　现在也使用 SOGIE 的表达方式。

- ● SO（性倾向）…性倾向。喜欢的性别。

- ● GI（性别认同）…性别认同。心理上的性别。

- ● GE（表达）…性别表达（服装等）。

人各有异这件事是精彩的，是丰富多姿的，正因为不一样，所以美好，但还有很多人未能理解这一点。

所以希望更多的人知道这句话，知道有人在为建立一个认同差异的社会而发声、宣传。

如果不了解"人各有异是理所当然的"，就可能会"不经意"地说出伤害这些人的话语。

但如果了解了，就可以避免在无意间伤害对方。

因此"学习"真的很重要。并且，也希望你们能同时"学会"不因自身与周围其他人的差异而自卑。

我想这样便可避免在无意间伤害对方以及自己。

今天开始，通过理解 SOGIE，希望大家能构筑和周围人的良好关系。

身体上关于性方面的
各种性发育异常

　　不管是男生还是女生，其实都有多种多样的天生的身体状态，但这并不广为人知。

　　这些身体状态有的在刚出生时就知道了，有的要到青春期才知道。

　　所以有可能在自己和家人都不知道的情况下，突然被医生告知而吓了一跳，感到非常难受。

　　不过没关系。你是女孩/男孩这一点是不会改变的！错的不是你或者你的家人，而是只传授基础知识的教育、只记载基础知识的教科书。

　　请不要忘记有许多人支持你、为你的人生加油。

是谁规定男生就用蓝色，
女生就用红色的呢？

请尝试留意一下世界上有许多不知道是谁决定的、强加于人的事情。

比如，制服、服装、书包、餐具、玩具、文具等都根据性别而有所不同。女孩子玩过家家，男孩子玩战斗游戏。制服的话，男孩子穿裤子，女孩子穿裙子。餐具和衣服的话，女孩子用粉色，男孩子用蓝色。

其他容易根据性别被区分的还有社团活动和体育运动等。可能女孩子不会踢足球和打棒球的情况比较多。

有的学校会根据性别划分不同的角色，比如啦啦队等。根据性别划分的东西还有名单和座次。名字的称呼方式"先生""酱""君"其实也是根据性别区分的。

还有服装、发型、说话方式、举止、朋友关系、娱乐、前途、职业和礼仪等也根据性别差异有不同的要求。在很多地方都需要确认性别，比如文件、借书卡、积分卡等。不过这些真的有必要填写吗？

也许对认为社会的强加项是理所当然的这个想法本身加以质疑是很重要的。

性别决定"个性"
是臆想吗?

性荷尔蒙

男孩可以喜欢编织,女孩也可以喜欢格斗。男孩可以对服饰和化妆感兴趣,女孩也可以喜欢塑料模型和少年漫画。不过很多人都有自己的执念。

比如,男孩的话"精力旺盛,喜欢出去玩,感觉很坚强,不能哭"。女孩的话"乖巧,在家里玩,会做饭做家务,温柔是理所应当的"。是不是会这么认为呢?

"女子力"这个词,你不觉得充满了"可爱""漂亮""擅长做饭"这些意象吗?

有个词叫"奶爸",用来形容照顾孩子的男性,但妈妈就只有"妈妈"这个词。

随着时代的变化,我们的生活方式也在改变,这个时代重要的不是性别,而是"我就是我"。

比起迎合周遭成为不像自己的人,**更重要的是,自己是最理解自己的人,了解自己的一切。**让我们珍惜自我。

练习 尝试发现自己最喜欢的事物和自己的优点吧!

自己的"个性"就隐藏在最喜欢的游戏、运动、书等等之中哦! 为了了解自身,试着写出来吧!

自己最喜欢的事情

自己的优点

也会有人觉得活着很辛苦

　　关于性别的差异，也有人会感觉自己和大多数人不一样，待在其中会感觉不舒服不自在。这一点希望大家了解。

　　比如，大家都穿着白色衣服的时候，你穿着黑色衣服来了，这时你会是什么感觉呢？

　　也许也不会有什么感觉，但也可能会觉得只有自己与众不同而感到不舒服不自在。这种感觉可能充斥在日常生活和在校期间。

　　只有自己和周围不一样的话，可能会有孤独感压迫胸口。如果大家现在心情苦闷，也希望不要因此去责怪自己。

　　这种苦闷的心情跟别人哪怕稍微倾诉一下也许就能变轻松。

　　请试着想象一下心中充满了痛苦。当痛苦心情的气球变得鼓鼓的、就快要炸裂的时候，稍微释放一点空气就如同"倾诉"一样。如果不想跟家人诉说的话，现在也可以通过电话或者邮件、SNS 来找人商量。

烦恼的事情可以不用自己一个人独自承受。其实在你们不知道的地方也有同样烦恼的人，他们心灵的气球可能也累积了许多痛苦的情绪。共同分担相同烦恼的话心里也会变得轻松哦。

　　多亏了互联网，如今变成了可以和全世界的人在网上交流的时代。

　　世界比你想象的还要广阔。

　　所以，也许只是你"稍微爱惜自己一点"的想法，因此看到的世界就会有所改变。从现在开始，有更广阔的世界在等着你呢。

喜欢谁是你的自由，要重视自己的心情。

第6章

警惕互联网

111

但是也是因人而异的。有的人对性方面的事情不太感兴趣，也有的人非常喜欢。对于女人的裸体，有人喜欢大胸部的，也有人觉得小胸部的更好，有人偏爱丰满型的，也有人对苗条型的更心动，等等，大家的喜好各不一样。不过我认为是因为喜欢的人多了，所以才流传开来的。

原来是这样。

①

特别是很多有夸张的插图，不要忘了那些都不是真实的东西哦。

另外再多说一句，杂志和动画里的都是虚拟的。

②

OK

再多教教我吧，博士。

嗯，我会自己想好再做决定的！

并且，考虑到一起生活的家人，要想好该怎么保管好这些书籍哦。

咚

收起来

④

③

115

119

诈骗网站做得和真正的网站一模一样

· 有费用显示
· 有截屏证据
· 显示"中奖了，点击URL 网页链接"，很多会显示要求填写邮箱地址和姓名等个人信息

★ 绝对不可以填写"个人信息（姓名、电话、邮箱地址）"
★ 如果万一不小心填了的话，请和大人商量。大人会跟警察或市民生活中心等可以商量解决问题的地方联系

嗯嗯

电脑或者平板、智能手机等ICT（通讯）技术急速发展这几年一下子改变了时代呢。

为了可以聪明地、巧妙地加以利用，必须要注意使用方法才行。小航，特别是游戏方面要加强留意！

小学和我们家这片区域虽然很早就开始使用ICT 了，但还有很多地方没有普及，和全世界相比，日本整体上在教育领域的ICT 使用是落后的。

125

瞒着父母不小心被收了费！怎么办才好？

当你因为做了家人禁止做的事情而为难的时候……不管怎么样**哪怕早一秒钟也好，一定要尽早说出来！**

越是拖到后面，那种郁闷的心情会越发蓄积在胸口。

游戏也是设计得连大人都沉迷其中，玩到停不下来。没有比现在更及时的时候。

与其后悔失败，不如解决问题。

这也是生存的关键。

如果被父母狠狠地责骂了

被斥责了的话谁都会心情低落。被父母强烈斥责而心情低落的时候……首先要为所做的事情道歉，然后试着冷静地思考父母为什么生气。

① 担心你担心得不行

② 被收取的费用金额很大，也许在担心家计

③ 作为父母未能管理好你被收取费用这个事情，可能会因此心情愤怒

对完全不关心的人是不会强烈愤怒的。对你生气正是希望你能健康成长的证据。

> ★ **致家长们**
>
> 如果你的孩子被卷入网络问题，请尽早应对。**过分的指责并不能解决问题。**
>
> 希望能从孩子的角度出发，好好谈谈正确的使用方法和今后该怎么办等。
>
> 人生如同一场漫长的旅行。在遇到麻烦的时候，请务必首先认真地"倾听孩子的话"。

看视频和玩游戏总是停不下来！

在看视频或玩游戏的时候被家长强硬要求"不要再看了"的话，会很生气吧。

大人经常擅自决定"玩游戏或看视频只能1小时"，如果在"还有5分钟就结束了"的时候被停下来的话会很不快吧。

忍不住想看，想停也停不下来的时候，该怎么办呢？

出乎意料的是，这种事没有人会告诉你答案。而且，之所以被骂多是因为大人其实也不知道该怎么办才好。

因此，主动提出**"让我们一起制定规则吧"**，尝试着商量一下怎么样？父母如果不了解游戏或视频的话，试着把其中的魅力充分介绍一下也可以。

今后的时代靠的是"演示能力"，通过语言让对方理解自己是很重要的。如果不善于表达，可以利用插图、画画等，想想尽可能可以传达信息的方法。

我们应该这样面对游戏和视频

① **想一想玩游戏或看视频多长时间结束比较好**

② **制定规则的时候，不能只想自己，也要同时为家人着想**

③ **寻找除游戏和视频之外能让自己沉浸进去的事情，一件就行**

比如做饭。对生活有帮助，而且自己做的饭是最好吃的！

可以实实在在进行研究的事情，比电视里虚构的事情要真实有趣几十倍。

并且，被家里人称赞说好吃，他们高兴的话自己也会更高兴吧！

此外，绘画、音乐、围棋、象棋，当然还有运动也不错！找到除游戏或视频之外能让自己沉浸进去的事情并享受人生吧！

* * *

④ **意识到"生活规律"**

有时候会不知不觉熬夜到很晚，然后早上很困吧。

睡眠对于大家今后的成长来说非常重要。希望一定要重视睡眠时间。

* * *

⑤ **写在纸上或白板上，以便一眼就能看到**

只是口头约定的话，很容易不知不觉就忘记了。贴到容易看到的地方吧。

家长们不要翻来覆去地说，可以指着那张纸让他意识到问题。

依赖真的不好吗？

　　玩游戏和看视频不管怎么样都停不下来……不管家里人怎么提醒都没用……的情况下。

　　这种时候，有"专家"相伴解决你的烦恼。电话咨询也可以，一定能一起找到好的方法。

　　大人也会有想停但停不下来、明明知道已经花了太多钱但还是停不下的情况。

　　想停但停不下来的心理被称为"依赖症"。其中有各种各样的原因，但如果知道能让心情放松快乐、或安稳下来的方法的话，应该会有所改变。

　　你们现在正在成长的途中。在为幸福而努力的过程中，为了放松紧张的弦可能会对什么产生依赖。

　　不过，希望你不要忘记这可能会损害健康，过度的话身心都可能受伤。你不觉得能独立思考自己想过的生活的大人很了不起吗？如果你也认为自己玩游戏过头了，请思考一下自己想成为什么样的大人，想过什么样的生活。

将来的梦想是成为职业游戏玩家，所以长时间的练习很重要……也许有这样的孩子。不过，职业游戏玩家们除了游戏之外肯定为了调整身体状态而努力锻炼体能和管理健康，才能在游戏中发挥出色。

　　也有的孩子没有将来的梦想吧。不过，现在没有也没关系！寻找自己最喜欢的、能让自己沉浸进去的事情，哪怕只有一件，不断增加这个经验的话，世界便会渐渐变得越来越广阔。

色情和情欲不一样吗？

色情网站本来是给18岁以上的人看虚构的东西。虽然也说这是"色情的""下流的"，但除了色情之外还有情欲这个词。实际上这两个词有很大的不同，你知道吗？

【色情网站式的表现】单方面的自我中心的感觉。强迫性的或暴力的、具有攻击性的描写，强调胸部或性器官，这样的表现很多。很少有享受对话的场景。

【情欲式的表现】为对方着想、轻松的，温暖而温柔。有相互交流的对话表现，有整体的描述。

虽然是面向18岁以上人群的东西，但有时候也会被孩子们看到

色情网站的信息原本是不能被你们看到的，这很重要。但是，在智能手机中也有一些令人吃惊的宣传。

这是管理不善的大人和社会的问题。有大人在努力处理这个问题，但另一方面也有人在从事扩散色情网站信息的工作。这一点请记住。

日本在色情信息管理方面，和世界各国相比可以说是落后的。这需要大人们共同来思考。

区分虚拟世界和现实世界

世界上充斥着大量的色情信息，但请不要忘记那都是"虚构的东西"。

比如，色情网站上有这样的内容。

· 乘坐电车的女性被摸屁股的场景（这是被称为痴汉行为的犯罪！）

· 有人在独自走夜路的女性后面穷追不舍的场景（马上到派出所去报警。纠缠行为也是犯罪！）

· 对方说了"不！"，却强行脱掉对方衣服的场景（对方不愿意却还脱人衣服也是犯罪！）

大家所知道的故事并非现实！

不要"因为别人做了不可以做的事情，所以认为我做了也没关系"。

不要被色情信息迷惑

在漫画里，小航有那么一点兴趣的时候，不小心点了色情信息。

世界上，有的人会将大量信息结合在一起，让看的人产生兴趣，同时实施欺诈行为。注意不要被骗了。

也不要忘记有人会使用这种引诱方法。

可能会有用"给你看看，让你摸摸"之类的语言来诱惑你的情况。而且，请不要忘记男孩子也可能遭遇性骚扰。

这种时候，说不定对方是认识的人，最开始可能是温柔的语言或引起你们兴趣的话语。受性荷尔蒙的影响，也可能因此而心痒痒，这个时候**请深呼吸沉静下来好好想想。**

此外，请保持守护自己的念头。如果有感觉奇怪的信息或被奇怪的人搭话，**请马上和身边的大人商量。**

第7章

喜欢上一个人时的
重要的事情

8　喜欢上一个人时的重要的事情

139

141

143

喜欢一个人就是"珍惜那个人"

这是表白的时候经常会有的场景。

"我喜欢你！请和我交往吧。"

"我也喜欢你所以我们交往吧。但是什么是交往呢？"

这样被问到的话，你会怎么回答？

这个问题可能很难。希望也问一下大人看看。问 10 个人可能会有 10 种不同的答案。

不过如果有共通的答案的话，应该是"珍惜对方"吧？

因为喜欢，相互都喜欢的话，做什么都可以是吗？

并不是这样的哦。做让对方讨厌的事情的话，就站到了"喜欢"的对立面。

真正的珍惜是体贴对方。

不做让对方不舒服的事情。

这就非常需要"想象力"。

想象一下："如果做了这个事情，对方会怎么想呢？"

比如……

①　故意说些让对方不舒服的话，"针锋相对的话、刺耳的话"……会是什么心情？

② 听见了却装作没听见……会是什么心情？

③ 忘了带橡皮擦，但朋友不肯借给你的时候……会是什么心情？

④ 拄着拐杖的人上电车的时候位置都坐满了，自己正坐着的时候……该怎么办好呢？

⑤ 有遗失物掉在路上的时候……该怎么办好呢？

⑥ 游乐场里有孩子孤零零一个人的时候……该怎么办好呢？

⑦ 妈妈烦躁地收拾着厨房的时候……该怎么办好呢？

让我们发挥想象力，把想法转变为现实吧。你的想法就是你的想法，没有对错之分。参考以下答案，和朋友沟通、行动试试。

① 被别人说了刺耳的话……（反驳的话对方会更加针锋相对）

→ 尝试告诉对方你的感受。"被你这么说我会很难过，不舒服"，这么说试试怎么样？

② 听见了却装作没听见……（自己被这样对待的话会很郁闷……）

→ 可能是真的没有听见，走近一点再说一次试试。

③ 不借橡皮擦给你……（如果是自己的话就借了）

→ 问其他朋友试试。也许橡皮擦很重要不能借给别人。可能他在这方面有讲究。

④ 拄着拐杖的人上电车的时候……（大人们顾着看智能手机吧）

→ 今天精神很好，"请坐"，把座位让给他吧。（也有疲惫不堪无法让座的时候……）

⑤ 有遗失物掉在路上的时候……（可能有人正苦恼）

→ 捡起来交给派出所，不清楚派出所在哪的时候问问大人，和旁边的大人商量看看。

⑥ 游乐场里有孩子孤零零一个人的时候……（是想玩吗？）

→ 看看情况，告诉朋友商量一下。说不定他是在等其他小伙伴呢？

⑦ 妈妈烦躁地……（怎么了？我做错什么了吗？）

→ 最烦恼的是该放着不管呢还是帮忙做点什么呢？首先把自己的事情好好做完。也许是发现我的作业还没做，所以妈妈才烦躁的呢。

就像这样，其实人每天都通过想象力和语言和行动克服着、思考着各种事情。

特别是喜欢上一个人的的时候，容易产生误会。

因为喜欢对方，所以希望对方和自己一起行动，看到其他人和自己喜欢的人关系变好会心里不舒服变得嫉妒起来……这种情绪可能不是用语言而是通过态度表达了出来（喜欢却无视，说些刺耳的话）。

要做出让对方不舒服的事情的时候，试着想一下"真正想珍惜的是什么"。然后，深呼吸，把手放在胸口思考一下。

练习

怎样才是真正地喜欢并珍惜对方？你会怎么做？

不伤害他人的沟通交流

除了喜欢的人之外，平时和许多人沟通交流的时候很重要的一点是要传达具体的想法。

你们也会烦躁不安、会生气吧？
那是什么时候呢？

游戏总是无法通关的时候、现在想做的事情却被大人说"赶紧做"的时候、学习和玩耍不顺利的时候、朋友对自己态度不好的时候……各种各样的情况。

实际上烦躁不安的根源是"其实想做××来着"的心情。

● 游戏无法通关！→其实想通关！

● 被说"赶紧做！"→其实是想按自己的时间来安排！

● 不如想象中顺利→其实想顺利完成！

● 态度不好→其实不希望采取那种态度！

（→）右边是实际的心情。

虽然可以烦躁不安，但如果这种烦躁的情绪和周围发生冲撞的话，被冲撞的人也会变得烦躁不安起来。

因此，为了不伤害对方，让我们进行感情表达方面的训练吧。

表达自己的情绪是有好方法的。

I（爱）message

学习英语的人可能知道，在英语中"我"这个词经常被使用。

说"想喝果汁"这句话的时候，日语的话哪怕没有主语也可以明白。

在日语里，不怎么说"我想喝果汁"，但英语的话可以说肯定是"I（我）want juice（想喝果汁）"，这样会加上【我】。这就叫作 I message。

相反，加了【你】的话就叫做 You message。

其实记住这种说话方式的话，用来传达刚才烦躁不安的情绪是最适合的。

可以养成带主语"我"的表达习惯！

【You message】

　　妈妈：赶紧做作业！

　　我：我正要做呢！

　　妈妈：不说你是不会做的不是吗？你总是这样让人烦躁。

　　我：妈妈不也总是让人烦躁吗！

【I message】

　　妈妈：我觉得你差不多该做作业了，你觉得呢？

　　我：我也觉得不做不行了。我想按我的时间来安排。

　　妈妈：我不清楚你的时间，具体计划几点做呢？

　　我：大概是晚饭后，7点开始吧。

　　You message 的话容易变成责怪对方的交流，但是 I message 的话就会是互相商量，你不觉得吗？

　　如果家里人也能有意识地使用 I message 信息的话，沟通应该会变得愉快。

　　体谅对方是人际关系中最重要的事情。

　　许多人成为大人后烦恼的其实就是人际关系。这是因为没有机会学习如何沟通，大家都只是就那么说着话而已。

今后的时代追求的是不分上下的平等关系。 好好保持自己的个性，用自己的语言表达自己，难道不是最有魅力的最帅气的事情吗？

失恋也没关系，
失败也没关系

"害怕受伤……""不想被甩！""不想失恋！"也许有很多人这么想吧。

有了喜欢的人，就会想"关系变得更好，想交往"。但对方不喜欢自己的时候就意味着"失恋"这两个字在等着自己。

不过，有时候对方不喜欢自己是"对方的感受"的问题，就算消沉下去也改变不了，因为是"对方的感受"。

比如，如果努力成为对方理想的人的话，也许会"喜欢上"你。

相反，自己哪怕不努力但"对方的感受改变了"的话，也可能会"喜欢上"你。全部都是"由对方决定"。

喜欢还是不喜欢，是对方的问题。和自己是不一样的，必须这样区分开来。

"被甩的话自己就是没用的人！"

完全没有这种事，对方如何感受是对方的自由，要理解对方是另一个人。

不过，自己能做的事情是按自己的个性成长、生活。

即便失恋了，也可以把这个事情作为成长的契机，不忘磨炼自己，孜孜不倦提升自我。这种生活方式不觉得很帅气吗？

虽然如此，但被喜欢的人说"NO"的话还是"伤心"的。那种情绪不要当作不存在，而是通过珍视伤心的感情，让自己进一步成长为了不起的大人。并且，对人温柔的人，也是可以跨越悲伤的人啊。

尝试各种经历，品味各种感情，让自己得到成长。

所以如果你想向喜欢的人表白，却因为无法表白而难过的话，可以拿出勇气尝试，也可以等待直到自己认为可以的时机来临。

不管是选择不表白，还是选择表白，都会有思考、烦恼的一段时间，这段时间肯定也能让你得到成长。

苦恼的时候就发出求救信号

有自己怎么都无法解决的事情的时候发出 SOS 求救信号，绝不是软弱的表现，反而是**有勇气的决断**。

所有这些经历都不是失败，而是经验。现在作为孩子，可能会很难发出 SOS 求救信号。

- 被朋友欺负了，说了 NO 却没人听
- 明明很努力学习了，却怎么也跟不上
- 想去上学，却害怕上学
- 要学的东西太多，不能和朋友们玩
- 在学校孤单一个人很难过
- 被大人粗暴的说话方式伤害了

当你不能很好地表达自己情绪的时候，随时都有人可以商量，社会正在往这个方向逐渐改变。找人商量不代表软弱。这既是自己守护自己，也可以帮助到有相同困扰的人。

最好是和周围值得信赖的大人说说看。

很难找到值得信赖的大人的时候，通过电话咨询专家或 SNS 咨询、邮件咨询也可以，用自己方便的咨询方式。

需要注意：对通过游戏或 SNS 认识的人，**不要透露个人信息**（住址或电话号码等能辨识自己身份的内容）。

世界各国的性教育

　　【荷兰】被称为全世界最幸福的国家，荷兰从 1960 年左右就有各种关于人权的活动，现在，根据年龄不同逐步在学校之外也建立了支持性教育的机制。

　　【芬兰】作为有名的育儿良好的国家，有让工作的人也可以容易育儿的机制。有专业程度很高的老师教授健康教育课程，也有面向男孩子的咨询窗口。

　　【中国和韩国】以"国际性教育指南"为基础的性教育正在发生改变。

　　关于"健康"必须了解的事情之中，包括"性健康""人际关系""人权""文化""多样性"等，有的国家甚至有一年学习 10 小时以上的情况。

　　日本在性的健康教育方面也许是落后的。不过，你正在读这本书就证明了你有自己守护"性健康"的积极的态度。

参考文献：《从教科书看世界各地的性教育》

（桥本纪子 池谷寿夫著／鸭川出版）

干净利落的装束很重要

无论什么人，是否都有某些"希望看上去很棒""希望受欢迎""希望受人瞩目"之类的想法呢？

也许在你心中也有这样的想法。那是种"渴望被认可"的心情，是人生于世间便会自然产生的欲求。

【进阶练习】

Q 有没有人让你觉得"很帅气"，"憧憬这样的人"，"想成为那样的人"？

Q 那个人的哪些地方让你觉得"很帅气""很憧憬"呢？

对于那个人的优点有没有自己可以模仿或者可以接近的地方？

在模仿倾慕对象或者成为其粉丝时，会有种似曾相识的感觉，或者感到自己身体里隐藏的魅力与之相似，有种莫名的吸引力。

所以，模仿在你看来"很棒"的人是非常值得尝试的事情。但在那之前一定要留意保持**干净利落的装束**。

例如，比起寻思穿高级西装，不如注意平时穿的衬衫是否整洁，袜子是否干净，把前日在运动场穿过的鞋子擦一擦再出门，把随身用品收拾得一尘不染。

这样完全不费金钱，即使不让家人买新东西，也可以随时把自己扮得很帅气。

此外"姿势"也很重要。有些大人会不小心驼背或者边走边玩手机，那样看起来帅气吗？

挺起胸抬起头。就算不擅长体育活动，也可以尝试快步走或者和朋友玩捉迷藏，通过喜欢的活动让身体动起来。这些很重要呢！

喜欢上一个人，就是"把她看得很重要"！

第8章

关于性爱的重要话题

9 关于性爱的重要话题

165

拥抱或者亲吻这类行为，就算在家人之间进行也是需要性同意的。对于彼此而言，自己的身体都是属于自己的东西，有时愿意让人碰触有时却不愿意这样做，这也算是之前讲过的私密地带。

比方说爸爸在想牵小希手的时候就不会直接去牵，而是会问："能不能牵你的手呢？"

在漫画场景里经常会有未经允许就拥抱或者亲吻对方的行为，我倒是希望你们思考一下："这样真的好吗？"

单方面把喜欢对方的念头强加于人，有时反而使对方感到困扰。

希望你们牢记，在喜欢上一个人之后，和对方交往时"珍视对方"是重要的行为基准。

这是爸爸非常看重的观点。

在恋爱中重要的不是建立上下关系，而是"珍视对方"的心态。

❶

而且妈妈觉得，就算你们长大成人之后，在这类行为当中也要充分考虑到对方的想法。

而且说起性行为，切记在青春期有了初精和初潮后，发生性行为就有可能怀孕。

❷

无论如何，能像这样一起聊这个话题的家庭恐怕不多，说不定我们家很特别呢，啊哈哈。

因为妈妈在保健室做医生，所以见的人多了才会这样想。

❸

咱们家好有趣！这话可是认真说的哦。
在一起会感到惬意感到快乐，爸爸觉得这就是两个人交往的理由。
如果能和小步一起看足球比赛的话气氛应该很嗨，会很快乐吧……
说不定可以牵手……
哥哥你脸好红
没有的事
啊哈哈哈哈

性爱（性行为、性交）是什么？

　　Sex 这个词经常用来调侃，但有时候有的人可能"实际上并不那么了解"。

　　正如动物会通过叫作"交尾"的行为留下后代一样，人类也会为留下后代而进行性行为（即 Sex）。但是人类与动物不同的是，不仅仅是为了留下后代，有时还会为交流情感而进行性行为。但要牢记，这些是无论身心皆已成年时才能去做的事。

　　如果用科学语言说明的话，阴茎在勃起状态下进入女性阴道便称作性交。此时会从阴茎中射精，排出体外的便是精子，精子会从阴道进入子宫，而如果正值排卵，便有受孕的可能。

　　动物有被称作发情期的繁殖期，但人类却没有。但是人一旦在青春期迎来第二性征（初精或者月经），便可以通过性行为受孕。人类与动物不同的是，性行为与受孕并非完全依赖本能，而是可以做出"选择"。

　　当然并非所有人都会选择，不过要切记你自己可以对有关行为作出选择。因为不是所有家庭都会生育子女，所以请将此理解为在个体责任范围内进行选择。

如果你有了喜欢的人，可能就会明白"想发生性行为"的心情。人与人一旦开始亲近，便会发生肢体接触。而其极限状态便是性行为。

　　但不要忘记，性交是可能带来怀孕后果的。正因如此，在希望避免怀孕时，就有必要了解避孕的方法。

　　尝试想象"假如怀了孩子会怎样，身体以及人生将会发生怎样的变化"，是非常重要的事情。

　　到了大家这个年纪，开始对性行为发生兴趣，这从生物学角度也是极其自然的，绝对不是值得羞耻之事。

　　所以不要做感情与环境的奴隶，不要因为"周围有人在做"便盲目跟从。让我们做一个既珍视自己的身体，也珍视对方身体的人。

不想被触碰身体的时候

此前已经讲过，**私密地带（性器官、胸部）**不要让人碰触、看到、拍照或者亲吻，此外如果有人想要强行碰触你的身体或者亲吻你的时候，可以直接说"NO"！因为你的身体属于你自己，是"个人专属的权利"。

自己感到厌恶时把"讨厌"讲出来是理所当然的事。因为自己的身体是属于自己的东西，是可以自己做出决定的。

"因为是认识的成年人……"

"因为怕被对方嫌弃……"

可能你会因为以上原因而无法把"讨厌"说出口。但是这一瞬间的容忍可能会让对方更加放肆，结果对自己造成心理伤害。

其实坦率地讲出厌恶感这件事本身，也意味着不容许自己随意碰触并伤害他人。

而且不要仰视或者俯视对方，要将其视为与自己地位平等的个体。对方不会因为是成年人便了不起，小孩也并非凡事皆须忍耐。

所以你要理解，世界上存在良性接触（经过同意的碰触）与不良接触（未经同意的强行碰触或者暴力）。

参考：《啊！我的身体原来是这样的！》
（中野久惠·星野惠著/阿黛尔研究所）

人是如何怀孕的？

关于怀孕，你知道多少正确的知识呢？

之前也曾讲过，精子通过性交进入子宫，在与卵子相遇时会使其受精。而后受精卵如果在子宫内顺利着床，便有机会怀孕。所以若是没有性行为，自然也就不会怀孕。

一次射精可以释放上亿个精子。其中仅有一个会使卵子受精（精子在5~7天内都有受精能力）。

在月经开始后，每个月会产生一颗卵子（排卵）。

虽然人的排卵数量总体大致可测，但仍存在个体差异。

每次月经时会有多个卵子同时发育。但是最终有排卵机会的每月只有一颗（受孕几率随年龄增长而下降）。不要忘记在初精或月经开始后，只要进行性行为便有可能怀孕。

由于意外怀孕，每年有几万人会通过人工流产的方式中断妊娠。而即便在男女双方乐意的情况下，有时胎儿也会因流产而无法顺利降生。

胎儿在腹中成长实属生命的奇迹。一个肉眼看不到的0.13毫米受精卵会逐渐长大，你不觉得这很了不起吗？

着床后的受精卵用10个月又10天的时间发育成婴儿，出生的过程称作分娩。考虑到新生儿的体重大约有3千克，怀孕与分娩真是堪称奇迹。人获得生命的过程就是这种奇迹的循环啊。

预先了解一下计划生育吧

如何防止意外怀孕

所谓计划生育，就是为使性交不至于怀孕而采取的行动或者选择之一。目前在日本可供选择的方法包括：

- **避孕套**
- **低剂量避孕药**
- **IUS**
- **紧急避孕药**

可选方式数量并不算多。

多数日本人会选择使用避孕套。但是据说这种方法的失败几率达到3%-15%。也就是说在 100 次当中会存在 3 次怀孕的可能性。

所以避孕套与其说是避孕工具，不如理解为类似于口罩对预防感染的效果，可以说是在性交时的必需品，也是对即将成人的各位而言最低限度的"礼貌"。别忘了自己会可能无意中把疾病传染给对方。

毕竟有些疾病是可以通过使用避孕套避免感染的（但是无法规避所有疾病。因此有必要在事前进行体检）。

什么是性交（性行为 / 性接触）

◎ 性交是指性器官的接触与结合

◎ 关于性交时使用避孕套

正确佩戴避孕套 & 摘除避孕套

❶ 使用前必须清洁手部。当心指甲划伤身体。

❷ 把避孕套推挤到一侧。

❸ 把封口完全撕开。

❹ 用手指推出避孕套。此时要确认正反面。光线昏暗时可通过识别橡胶的滚卷方式分辨正反面。

❺ 捏住储存精液的部分，排出空气。

❻ 将包皮后褪，套上避孕套并顺势下拉，直到包裹至阴茎根部。

❼ 射精后立即按紧阴茎根部的避孕套部分，从阴道内退出后，在取下时小心不要漏出精液。

❽ 将避孕套绑好后丢弃。

使用避孕套却未能避孕的原因

● 若未能将包皮褪到足够低，可能导致避孕套脱落。要拉到阴茎根部。

● 将阴毛卷入的话会致使避孕套易于脱落。

● "要射精时再戴"是错误做法！在射精前会分泌前列腺液，其中混有精子。从一开始便要戴好避孕套。

防止意外怀孕的方法

以下详细介绍日本的避孕方法。请仔细了解哦。

【低剂量避孕药】

据说很多成年人也未能正确理解避孕药物。

这是一种使用药物调节并抑制排卵，从而避免怀孕的方式。药物服用周期为 28 天，其中 21 天需要服药，余下 7 天不服药。

在此期间月经不调会好转，经痛以及月经前后的不适感会有所改善，皮肤状态会变好，尤其对于重度痛经者而言症状会有较大缓解。

这种方式下的避孕成功率可达 99.8%（如果按时服药的话）。因此在不想怀孕时发生性行为后，可以通过服用避孕药物防止怀孕。

此类药物属于处方药。目前可以在线上接受诊断并获得处方，在海外则可在某些便利店轻松购买。

【紧急避孕药】

在未做避孕措施时，可在 72 小时内服用紧急避孕药（该方法不能100% 避孕，但若能在性行为后尽早服用，可以提高避孕几率）。

与低剂量避孕药相比，紧急避孕药比较昂贵。虽然它也属于处方药，但今后可能会随国家政策调整而在药店内自由出售。

【IUS（宫内节育系统）】

可能 IUS 这个称谓比较陌生吧。目前在日本仅用于产后人群，但是在海外十几岁的女性也会使用。

它与低剂量避孕药同样有效，而且不用每日服药，可以减少费用负担（但需要先经过医院诊断）。

此外，在海外还可以选择药物注射或避孕贴等方法进行避孕。总之方法是多种多样的。

所谓体外射精是指在不使用避孕套的同时于阴道外射精。这并不能避孕。

Q 怀孕了但不能生下来的时候怎么办?

A 在怀孕后却不打算生下来时，还有"人工流产"可供选择。所谓人工流产，就是指将怀孕中途打断。

需要说明的是，人工流产会对身心造成负担。但要知道有时除去人工流产别无选择，所以每年都有数万人进行人工流产。

如果能及时防止意外怀孕该有多好，希望男孩子能够重新思考自己与生俱来的赋予生命的性机能。如果在决定人工流产前还有其他选择的话，未来也许完全不同。

性行为不是一个人的事，而是需要两人共同完成。所以不要忘记为彼此负起责任来。

每个人都了解规避意外怀孕的办法是最重要的事。

所谓"生殖权"是指自己对于怀孕、分娩、避孕等行为拥有决定权。这可是人所持有的重要"权利"哦。

通过性行为传播的疾病有哪些?

A 要记住有些疾病是可以通过性行为感染的。包括在学校里学到的 HIV（艾滋病），还有乙型肝炎、丙型肝炎、衣原体、梅毒等。

梅毒是一种仅凭接吻也能传染的疾病。也可通过性器官与口的接触，在口腔内引起感染。

虽然据说基本可以由避孕套预防，还是当心的好。

如果两个人在到了可以检查性疾病的年龄之后才开始考虑性行为问题，那么在那之前就不要发生任何性行为。这是预防性疾病感染的首要途径。

为了活好自己的人生，无论怀孕或是分娩都是非常重要的事情。尤其对女性而言，也许人生会出现极大改变。已与伴侣成为家人时，彼此间要相互支持，一起思考如何对共同孕育的生命提供保护与负起责任。

关于 DV（家庭暴力）、性暴力

在漫画场景里经常会有未经允许就拥抱或者亲吻对方的行为，我倒是希望你们思考一下"这样真的好吗？"

只要未经对方同意，单方面碰触对方身体，便属于性暴力。

特别是在恋爱关系中，为让对方听从自己的意图而施以殴打、辱骂、怒吼、强制跟从、切断对外联络等行为，都可被称为"DV"（即家庭暴力），全是不被容许的行为。

真正喜欢一个人，不会强迫对方按自己的想法做事，而会彼此珍视。

如果你真有必须控制对方的念头，或者有其他无法抑制的情绪，希望通过阅读本书能够察觉到。

相反，如果你正遭受成年人或者友人的类似对待，请与值得信赖的成年人商量，或者咨询有关部门。

在这个世界上不存在任何一个可以任意伤害的人。

所以反思自己是否曾在不经意间伤害他人也很重要。

再说一遍，依赖别人是一种充满勇气的行为，而能察觉到自己的错误则是非常了不起的。

衷心祝愿你能够发觉自己对伴侣发自内心的珍视。

第9章

成为懂得爱惜自己的大人

187

189

193

说不定有时也会吵架的爸爸和妈妈还能够在一起快乐生活的理由，就是曾经在遇到困难时互相支撑的经历吧。

头一次听说妈妈有过那么痛苦的经历，但爸爸能够支撑她渡过难关倒是更让人吃惊呢。

❶

在这种时候不要一个人苦恼，找值得信赖的大人商量是很重要的。

只要活着，哪怕是小孩有时也会遭遇痛苦。

我把大人们催眠啦

博士！

砰

❷

· 知道可以求助他人
· 每个人都要做出能够保护自己的选择

快去读读看！

这些在日本法律里面也是有规定的哦。

所以说，懂的事情越多，能够做的事情也会随之改变。

❸

195

了解什么是
幸福的选择

　　每个人都有与生俱来的"活出自我的权利"。现在日本的孩子们在身体健康方面幸福度很高，但心理健康方面非常令人担忧（※ 参考联合国国际儿童基金会报告书"报告卡 16"发表的发达国家儿童幸福度排行榜）。

　　在交朋友方面的排名较低，也可以认为是对与人产生联系这个事情有不安感。

每个人都有与生俱来的"活出自我的权利"。

那个，其实我，和家里人大吵一架，已经不想回家了。

所以，我就自己弄伤自己……

有小实在身边我真的很开心哦。

认同多样性

你有听过"多样性"这个词吗？

在各种各样的人共同生活的社会中，可以有各种各样的生活方式。这种多样性也受"人权"的保障。

最近经常听到的 LGBTQ 也传达出了信息，所有人都可以有不同的 SOGIE，可以结婚也可以不结婚。

不同的生活方式造就了每个人可以相互认同的时代。

每个人都有自己过去的生活和经验。

每个人都是不一样的。即便是双胞胎，也没有完全相同的人生。

所以，不要忘记每个人都是非常重要的存在，相互认同多样性吧。

什么是男女社会性差异？

大家无意中使用的言辞中是否有违和感的部分呢？比如"很有女性魅力"往往指"擅长做饭、穿裙子、很会化妆"等。

* * *

这真的是所谓的女性魅力吗？

烹饪专家很多都是男性吧。但是在家庭里负责做饭的是谁？应该是妈妈负责做饭的家庭比较多吧？这样一来，不由地就会认为家里的事情就是妈妈做的吧？

像这样基于性别来考虑社会分工就叫作男女社会性差异。

* * *

女性"应该"做家务吗？

我觉得本来家务应该是与性别无关"大家一起做"的事情，你认为呢？

有奶爸这个词，但对女性没有类似的称呼。因为觉得照顾孩子的男性很特别所以才产生了这个词，但如果"大家一起做"是理所应当的话，那爸爸这个称呼就够了。

* * *

世界上有些职业与性别相关，也有些职业是不相关的。虽然不受性别影响的工作有所增加，但仍有许多工作是受影响的。这样的日本与世界各国相比可以说有很大的性别差异（因男女不同而产生的差异）。

* * *

女主内，男主外。真的是这样吗？现在，重新开始思考这个问题的时代来临了哦。

关于人权，如果了解男女社会性差异（基于性别考虑社会分工）的话，就能避免单方面地按性别决定人"应该是 ×× 样的"而剥夺对方的自由和选择。

并且，如果我们知道未来是可以自己选择的话，就能自己选择未来。但如果不知道，就只能听从大人、可能无法自己决定并采取行动。

"自己去了解、自己去做决定、自己去为人生负责"这么说也许听起来很困难，但如果自己是游戏的主人公和玩家的话，也不会让别人来操控吧。这是同样的道理。

掌握更多的知识，用游戏来比喻的话和知道许多"攻略"是一样的。

大家为什么而学习？

知道的越多意味着增加人生选择、靠自己活出自己的人生。

掌握许多知识的话，便可帮助他人、珍惜他人。听到"帮助他人"这句话，也许你会觉得是很大的事情，但比如让座、按电梯，这些小事对别人来说可能就是帮了大忙。

成为可以自主思考
自主行动的大人吧

自己的人生可以自己决定并付诸行动，其实是很幸福的。希望你知道，即使有钱、进了好学校、有稳定的工作，也不一定就能让你幸福。

现在通过各种研究表明，"自主决定"能影响人的"幸福"。

不管你有多少钱，如果采用"因为别人这么说的""为了不惹人生气"的生活方式、不能度过属于自己的人生，就会不明白自己活着的目的而感到痛苦。

我觉得你是有勇气且有行动力的，因而才在看这本书。你获取了得到新"知识"的人生攻略。

所以希望你相信"自主思考自主行动"，成为自己思考并决定自己人生的了不起的大人。

推荐图书：《你们是如何生活的》（吉野源三郎著/杂志之家）

Sustainable Development Goals
（可持续发展目标）

2030 年时，你多少岁呢？

2020 年，世界因受病毒感染影响而发生改变，台风等自然灾害也在增加，不仅日本，全世界都必须思考我们的生活方式。

于是联合国面向 2030 年进行名为"SDGs"的规划。

"SDGs"这个词汇开始渐渐出现在教科书中，为使地球居民今后都能安心生活，人们需要携手应对。

1. 消除贫困

2. 消灭饥饿

3. 提高全体人类的健康与福祉

4. 为公众提供高水平教育

5. 实现性别平等

6. 在世界范围普及安全饮用水与厕所

7. 为公众提供清洁能源

8. 促进劳动价值与经济增长

9. 创造产业与技术革新基础

10. 消除人与国家间的不平等

11. 创造可持续居住的社区

12. 提高生产者与使用者的责任意识

13. 为应对气候变化制定具体方案

14. 保护海洋生态多样性

15. 保护陆地生态多样性

16. 为所有人提供和平与公正

17. 通过合作的方式达成上述目标

可见学习有关性健康的知识，与达成 SDGs 也大有关联。

为使所有人都能健康生活，为使人与人能够通过互助生存下去，有关自己内心与身体的知识是必不可少的。

但是，现在世界上还有许多人因为对此无知而歧视他人。这真是非常可悲。

所以理解自己的内心与身体，进而自我保护是非常重要的。就让我们从"知晓"起步吧!

推荐图书:
《我是黄色的、白色的还带点蓝色的》
（Brady Mikako 著/ 新潮社）
《改变未来的目标SDGs Idea Book》
（Think the Earth 著/ 纪伊国屋书店）

结语

非常感谢你读到最后。

当今时代处在急剧变化之中，就算是成年人也会感到知识不足，可人们对于性却常会有"羞耻"之类的误解。所以就算是对此感到害羞的你，也没必要怀有过分的羞耻心。了解性健康，是成为大人的人生攻略之一。关于性，就算你目前还毫无感觉，也可以把这本书放到书架上，等到身心发生变化时再做参考。

不要忘了自己人生的主人公永远都是自己，自己的人生需要自己做决定，自己去执行。

但是无论何时，只要感到痛苦就应该向成年人求助。当然要去找能让你放心的可信的成年人哦。就算有些成年人无法理解你的感受，在这世界上还有好多好多人在，可以尝试多认识些成年人，多和他们聊聊看。未来一定会有很多美好的相遇在等你。

我相信你一定会遇见真心想要帮助你的人。而我也会像快乐兔子博士那样，真心地协助大家成长哦！！！

山形照惠

【 咨询方式 & 文献 】

咨询电话 & 网站

· **帮助未满 18 岁者的儿童热线**

  https://childline.or.jp/
· **儿童 SOS 咨询窗口（文部科学省）**

  https://www.mext.go.jp/a_menu/shotou/seitoshidou/06112210.htm
· **儿童人权 110（法务省）**

   https://www.mhlw.go.jp/stf/seisakunitsuite/bunya/hukushi_kaigo/

seikatsuhogo/jisatsu/soudan_tel.html
· **面向 10~19 岁少年的咨询窗口 Mex**

  https://me-x.jp
· **青春期 · FP 咨询 LINE（一般社团法人 日本家族计划协会）**

  https://www.jfpa-clinic.org/

参考文献

· **《国际性意识教育》**（UNESCO 编 / 明石书店）
· **《人类 · 性》**（4 名作者 / 儿童未来社）
· **《从教科书看世界各地的性教育》**（3 名编者 / 鸭川出版）
· **《家庭性教育启动》**（4 名作者 /KADOKAWA）
· **《看漫画读懂男孩的"性"为思春期男孩提供的 13 堂课》**（染矢明日香 著 /
合同出版）
· **《我们火箭少年》**（手丸 KANOKO · 金子由美子 著 / 儿童未来社）
· **《杰姆斯·德森的下半身入门》**（杰姆斯·德森 著 / 藤堂嘉章 译 / 太郎次郎社 编）
· **《男孩的性教育》**（村濑幸浩 著 / 大修馆书店）
· **《男孩的心灵与身体》**（村濑幸浩 著 / 成美堂出版）
· **《梅格 的性教育读本》**（梅格 · 希克林 著 / 木犀社）

- 《想让爸爸妈妈都知道：关于小鸡鸡的超详细指南》（岩室绅也 监制 / 金星社）
- 《从 0 岁开始的荷兰性教育》（リヒテルズ直子 著 / 日本评论社）
- 《为什么性教育是必要的》（3 名编者 / 大月书店）
- 《插图版 10 岁开始的性教育》（"人与性"教育研究所 著 · 高柳美知子 编 / 合同出版）
- 《身心研究所》（高桥幸子 著 · 学研）
- 《被讨厌的勇气》（岸见一郎 著 / 钻石社）
- 《荒木飞吕彦的漫画术》（荒木飞吕彦 著 / 集英社新书）
- 《CHOICE 为了自主选择的"性"知识》（シオリーヌ（大贯诗织）著 / 东方出版）
- 《消除女孩与男孩差别心的书》（YUN · UNJYU 著 /SO · SONSORU 监修 /SUNMI 译 /Et Cetera Books）

拙著

- 《13 岁前要知道的事——女孩的心与身》
- 《15 岁前要知道的事——女孩如何保护自己的身体与心灵》

参考网站

- **seicil：面向 10~20 岁群体的性教育网站**
  https://seicil.com/
- **amaze：由 NPO Pilcon 翻译的性教育卡通动画**
  https://pilcon.org/activities/amaze
- **meiiku：可以在家庭中进行的性教育信息网站**
  https://meiiku.com

胭+砚
project:

胭砚计划：

JYUSANSAI MADE NI TSUTAETAI OTOKONOKO NO KOKORO TO KARADA NO KOTO
©Terue Yamagata
All rights reserved.
Originally published in Japan by KANKI PUBLISHING INC.,
Thal translation rights arranged with
KANKI PUBLISHING INC., through jia-xi books co.,ltd
著作权合同登记号桂图登字：20-2022-266 号

图书在版编目（CIP）数据

男孩的心与身 /（日）山形照惠著；张传宇译. --
桂林：漓江出版社，2023.1

ISBN 978-7-5407-9359-3

Ⅰ.①男… Ⅱ.①山… ②张… Ⅲ.①男性－青春期
－健康教育 Ⅳ.①G479

中国版本图书馆CIP数据核字(2022)第235102号

男孩的心与身——13岁之前你要知道的事情

Nan hai de xin yu shen — 13 sui zhi qian ni yao zhi dao de shi qing

13歳までに伝えたい　男の子の心と体のこと

作　　者　[日] 山形照惠　著　　张传宇　译

出 版 人　刘迪才
品牌监制　彭毅文
责任编辑　彭毅文
助理编辑　张心宇
书籍设计　千巨万工作室　三喜
责任校对　甘智洪
责任监印　陈娅妮

出　　版　漓江出版社有限公司
社　　址　广西桂林市南环路 22 号
邮政编码　541002
邮购热线　0773-2582200
网　　址　www.lijiangbooks.com
微信公众号 lijiangpress

发　　行　北京联合天畅文化传播有限公司
发行电话　010-64258472

印　　制　北京盛通印刷股份有限公司
开　　本　880 mm×1230 mm　1 / 32
印　　张　7.25
字　　数　93 千字
版　　次　2023 年 3 月第 1 版
印　　次　2023 年 3 月第 1 次印刷
书　　号　ISBN 978-7-5407-9359-3
定　　价　68.00 元